EL POLO NORTE

ártico

R U

Mar de
Laptev

Islas
Queen
Elizabeth

OCÉANO ÁRTICO

Polo Norte

Bahía de
Baffin

GROENLANDIA

por **Todd Bluthenthal**
traducido por Esther Sarfatti

Gareth Stevens
PUBLISHING

Estrecho de
Dinamarca

Please visit our website, www.garethstevens.com. For a free color catalog of all our high-quality books, call toll free 1-800-542-2595 or fax 1-877-542-2596.

Cataloging-in-Publication Data
Names: Bluthenthal, Todd.
Title: El Polo Norte / Todd Bluthenthal.
Description: New York : Gareth Stevens Publishing, 2018. | Series: ¿Dónde está...? Mapas del mundo | Includes index.
Identifiers: ISBN 9781538205181 (pbk.) | ISBN 9781538205075 (library bound) | ISBN 9781538205006 (6 pack)
Subjects: LCSH: Arctic regions–Juvenile literature. | North Pole–Juvenile literature.
Classification: LCC GN673.B58 2017 | DDC 971.9–dc23

Published in 2018 by
Gareth Stevens Publishing
111 East 14th Street, Suite 349
New York, NY 10003

Copyright © 2018 Gareth Stevens Publishing

Translator: Esther Sarfatti
Editorial Director, Spanish: Nathalie Beullens-Maoui
Designer: Samantha DeMartin
Editor: Joan Stoltman

Photo credits: series art CHAPLIA YAROSLAV/Shutterstock.com; cover,
p. 1 (map) Rainer Lesniewski/Shutterstock.com; cover, p. 1 (photo) Denis Burdin/
Shutterstock.com; pp. 5, 13, 19 Maksimilian/Shutterstock.com; p. 7 Istimages/
Shutterstock.com; p. 9 (top) Milagli/Shutterstock.com; p. 9 (bottom) outdoorsman/
Shutterstock.com; pp. 11, 15, 17 Peter Hermes Furian/Shutterstock.com;
p. 21 Ansgar Walk/Wikimedia Commons.

Printed in the United States of America

CPSIA compliance information: Batch #CS17GS: For further information contact Gareth Stevens, New York, New York at 1-800-542-2595.

CONTENIDO

Las palabras en **negrita** aparecen en el glosario.

¿Qué es el Polo Norte?

El Polo Norte es el punto de la Tierra que se encuentra más al norte. ¡Eso significa que los demás lugares de la Tierra quedan al sur del Polo Norte! Se encuentra en la **latitud** 90° norte. El Polo Norte no está en tierra firme. ¡Está en el océano Ártico!

Todas las líneas imaginarias que forman las **zonas horarias** de la Tierra se juntan en el Polo Norte. ¡Eso significa que el Polo Norte está en todas las zonas horarias al mismo tiempo! Todas las líneas de **longitud** también se juntan en el Polo Norte.

▽ 3910   Polo Norte

OCÉANO ÁRTICO

¡Dos polos norte!

¡Existen dos polos norte! El polo norte magnético es el lugar de la Tierra al que señalan las **brújulas** cuando apuntan al norte, ¡siempre está en movimiento! Actualmente, se encuentra en la isla de Ellesmere, en Canadá, ¡a 500 millas (800 km) al sur del Polo Norte!

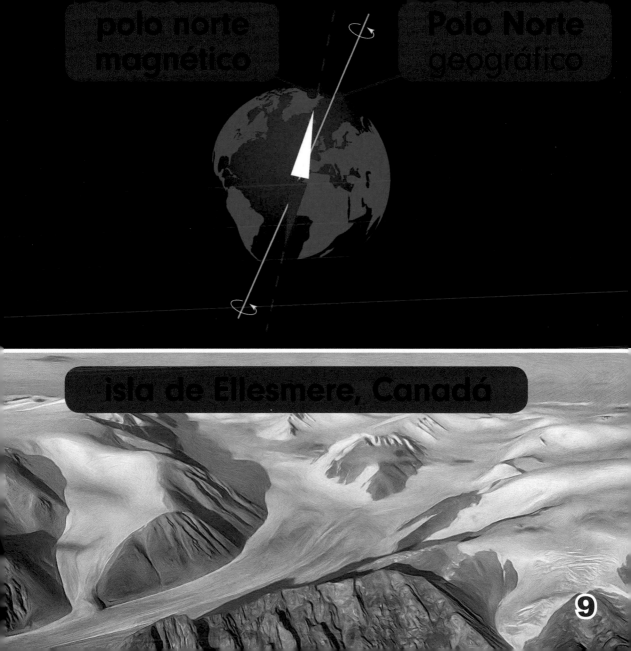

polo norte magnético

Polo Norte geográfico

isla de Ellesmere, Canadá

9

¿Qué es el Ártico?

El Polo Norte está en el Ártico. El Ártico es la zona que queda al norte del **círculo polar ártico** en un mapa. Algunas tierras que pertenecen a América del Norte, Europa y Asia están dentro del círculo polar ártico. Sin embargo, ¡el Polo Norte y el océano Ártico no forman parte de ningún país!

CÍRCULO POLAR ÁRTICO

Alaska (EE. UU.)

Canadá

OCÉANO
ÁRTICO

Rusia

Polo Norte

Groenlandia
(Dinamarca)

Svalbard
(Noruega)

MAR DE BARENTS

*OCÉANO
ATLÁNTICO NORTE*

Islandia

Finlandia

Suecia

Noruega

11

El mar que rodea el Polo Norte está cubierto de hielo y nieve, lo cual hace que parezca tierra. Sin embargo, ¡la tierra más cercana está a cientos de millas de distancia! El hielo marino del Ártico puede llegar a tener entre 10 pies (3 m) y 100 pies (30 m) de espesor.

¿Cómo es el Polo Norte?

El Polo Norte recibe luz solar durante todo el día y toda la noche en verano, mientras que en invierno no brilla el sol en absoluto. Esto es debido a que el **eje** de la Tierra está **inclinado** y también a la forma en que la Tierra gira alrededor del Sol.

N

la Tierra

eje inclinado

S

15

La Tierra tarda un año en dar la vuelta al Sol. Debido a su inclinación, diferentes partes de la Tierra miran al Sol en diferentes épocas del año. En verano, ¡el Ártico mira al Sol de día y de noche! En invierno, ¡se aparta del Sol durante el día y la noche!

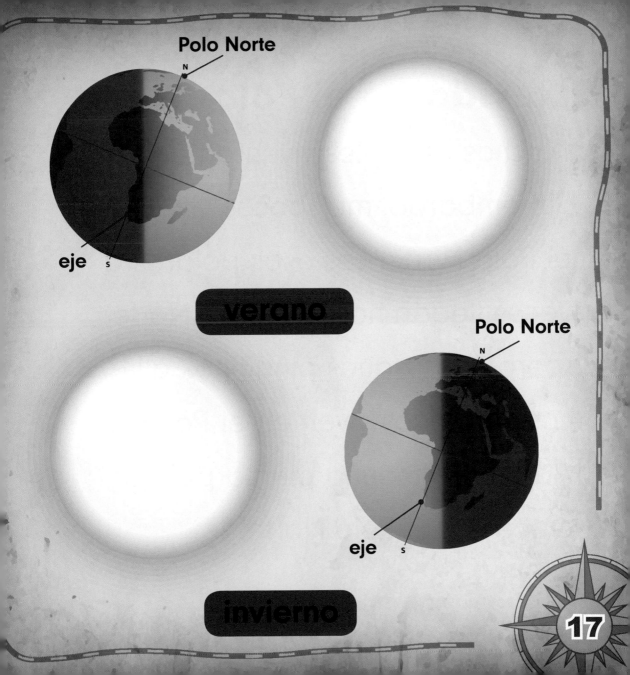

Polo Norte

N

eje S

verano

Polo Norte

N

eje S

invierno

17

La vida en el Polo Norte

Muchos animales viven en el Ártico. Sin embargo, muy pocos viven en el Polo Norte. Los osos polares a veces llegan hasta el Polo Norte, ¡pero no busques pingüinos allí! Los pingüinos viven en el Polo Sur. Además, ninguna planta puede crecer en el Polo Norte.

19

Muy pocas personas visitan el Polo Norte. Sin embargo, ¡hay gente que vive dentro del círculo polar ártico! ¡Los pueblos inuit y yupik han vivido allí durante miles de años! El pueblo de Alert, en Canadá, es el más cercano al Polo Norte. Aun así, ¡está a casi 500 millas (800 km) de distancia!

inuit

GLOSARIO

brújula(s): herramienta que te ayuda a encontrar la dirección.

círculo polar ártico: línea imaginaria que rodea las partes de la Tierra que quedan más al norte.

eje: línea recta imaginaria alrededor de la cual gira un planeta.

geográfico: que tiene que ver con el estudio de la Tierra y sus características.

inclinado: algo que no está exactamente recto, sino que se encuentra en un ángulo.

latitud: líneas imaginarias que aparecen en los mapas y que van hacia el este y el oeste.

longitud: líneas imaginarias que aparecen en los mapas y que van hacia el norte y el sur.

zona(s) horaria(s): zona geográfica dentro de la cual se utiliza una hora estándar. La tierra está dividida en 24 zonas horarias.

PARA MÁS INFORMACIÓN

LIBROS

Besel, Jennifer M. *The Coldest Places on Earth*. Mankato, MN: Capstone Press, 2010.

Parker, Victoria. *How Far Is Far? Comparing Geographical Distances*. Chicago, IL: Heinemann Library, 2011.

Waldron, Melanie. *Polar Regions*. Chicago, IL: Raintree, 2013.

SITIOS DE INTERNET

Todo sobre el Ártico

activewild.com/the-arctic-facts-for-kids/
¡Lee acerca del Ártico, sus animales, sus plantas y mucho más!

Vídeo del Polo Norte
video.nationalgeographic.com/video/arctic_northpole
¡Aquí podrás ver un vídeo emocionante del Polo Norte!

¿Qué pasa en el Ártico?
cbc.ca/kidscbc2/the-feed/whats-the-story-the-arctic
¡Aprende más acerca del Polo Norte!

ÍNDICE